Leo & Co.

Schwere Kost

Langenscheidt

Berlin · München · Wien · Zürich
London · Madrid · New York · Warschau

Leichte Lektüren
für Deutsch als Fremdsprache in drei Stufen
Schwere Kost *Stufe 1*

Von Theo Scherling und Elke Burger

Illustrationen und Umschlagbild: Johann Büsen
Layout: Kommunikation + Design Andrea Pfeifer
Redaktion: Sabine Wenkums

Fotos:
Amarina – Fotolia.com (S. 60)
H. Bischof – StockFood (S. 62/63)
Karin Jähne - Fotolia.com (S. 61 u.)
Menna –Shutterstock (S. 61 Mitte)
Johna – Pixelio (S. 61 o. li.)
Franz Pflügl – Fotolia.com (S. 61 o. re.)
Theo Scherling (S. 27, 36, 43)
Sabine Wenkums (S. 15, 50)

CD: Laufzeit 46'31
Sprecher/innen:
Ulrike Arnold, Vanessa Daly, Jan Faßbender, Monika Hossfeld,
Detlef Kügow, Theo Scherling, Helge Sturmfels, Peter Veit

Regie: Theo Scherling und Sabine Wenkums
Aufnahme, Schnitt, Mischung: Andreas Scherling
Tonstudio: Frische Medien München und Grünton Studio München

©℗ 2008 Langenscheidt KG, Berlin und München

© 2008 Langenscheidt KG, Berlin und München
Druck: CS-Druck CornelsenStürtz, Berlin
Printed in Germany
ISBN 978-3-468-49747-6

10020

Leo & Co.

Schwere Kost

INHALT

DIE HAUPTPERSONEN DIESER GESCHICHTE:

Leo

Leo ist Maler, aber er ist auch ein leiden-schaftlicher Koch.

Seine Kneipe „Leo & Co." ist ein gemüt-liches Lokal, in dem man gut und preis-wert essen kann.

Im Moment liegt er mit einer schweren Grippe im Bett. Er hat richtig schlechte Laune, aber viel Zeit zum Nachdenken.

Gertrude Sommer

Alle nennen sie nur Oma Trude. Sie ist Annas Großmutter und sehr fit.

In dieser Geschichte übernimmt sie die Rolle der Küchenchefin in Leos Kneipe.

Und alle sind sehr zufrieden! Fast alle ...

Benno

Benno wohnt bei Leo im Haus, über der Kneipe. Weil er Leo manchmal hilft, muss er nicht viel Miete bezahlen.

In dieser Geschichte muss er Oma Trude beim Kochen helfen. Kochen gehört nicht zu Bennos Stärken, aber Oma Trude hat alles unter Kontrolle.

Klaus Meier

Klaus Meier ist Leos bester Freund. Zusammen mit seiner Tochter Veronika hat er die KFZ-Werkstatt „Meier & Meier".

Er trainiert für den Stadtmarathon und ist auf Diät. Klaus Meier hat gute Nerven, aber in dieser Geschichte kommt er an seine Grenzen.

Veronika Meier

Veronika lebt und arbeitet bei ihrem Vater und erzieht ihre kleine Tochter Iris allein.

In dieser Geschichte hilft sie ihrer besten Freundin Anna bei „Leo & Co.". Und sie organisiert nebenbei auch noch den Fan-Club für den Stadtmarathon.

Anna

Anna ist Studentin und jobbt in Leos Kneipe.

Sie wohnt bei ihrer Oma Gertrude Sommer und erlebt ihre Großmutter diesmal als perfekte Managerin.

1

„Platz da!"

Anna bringt ein Tablett mit Frühstücksgeschirr in die Küche.

„Uff! Ist das schwer!"

„Warte einen Moment. Die schweren Tabletts kann ich doch tragen."

Benno steht an der Kaffeemaschine.

„Ist schon okay. Ich räume noch die Geschirrspülmaschine ein und dann muss ich los. Es ist schon halb elf. Um 11 Uhr muss ich in der Uni sein."

„Was, schon halb elf? Wo Leo bloß bleibt?"

„Den kannst du ja gleich aufwecken! Tschüs, Benno!"

„Tschüs, Anna!"

Benno geht in die erste Etage. Leo hat seine Wohnung direkt über dem Lokal. Eigentlich ist Leo Maler. Aber vor ein paar Jahren hat er sein Hobby zum Beruf gemacht: Er ist auch ein leidenschaftlicher Koch! Sein Lokal heißt „Leo & Co.". Er kocht, er malt und manchmal macht er Ausstellungen.

Das Lokal öffnet täglich um 9 Uhr. Von neun bis elf gibt es Frühstück. Die Frühschicht machen meist Anna und Benno. Leo beginnt erst um 10 Uhr und bereitet das Mittagessen vor: Ab 12 Uhr gibt es täglich drei Gerichte.

„Hallo? Hallo, Leo!"
Benno klopft an die Tür.
Niemand antwortet.
Er öffnet die Tür. Leo sperrt nie ab.
In der Wohnung ruft Benno noch einmal:
„Leo! Leo, aufstehen! Es ist gleich elf!"
„Hier bin ich."
Benno hört eine schwache Stimme aus dem Schlafzimmer.
Vorsichtig öffnet er die Tür.

„Entschuldigung, Leo, es ist gleich elf."
„Schon gut, Benno. Ich kann heute nicht. Ich bin völlig ka-
putt![1]"
„Was ist los? Was fehlt dir?"
„Keine Ahnung. Ich glaube, ich bin krank. Ich habe sehr geschwitzt
heute Nacht."
„Hast du Fieber?"
„Ja! 39,5. Und mir tut alles weh."
„Hm, klingt nach Grippe. Du solltest zum Arzt gehen."
„Um Himmels willen! ,Wer zum Arzt geht, wird krank!', hat meine
Großmutter immer gesagt."
Leo lacht. Aber das Lachen wird schnell zum Husten.   ❯Ü1
„Und was machen wir jetzt?", fragt Benno ziemlich ratlos.
„Ich bin bald wieder fit! Ich nehme ein paar Tabletten, trinke Tee
und morgen geht's schon besser."
„Und heute Mittag?"
„Ach so. Um zwölf kommen die ersten Gäste. Dann muss Anna
heute kochen!"
„Anna ist in der Uni", unterbricht Benno.
„Dann du!"

---

1 *völlig kaputt sein:* hier: ugs.für *sehr müde und erschöpft sein, mit der Kraft am Ende sein*

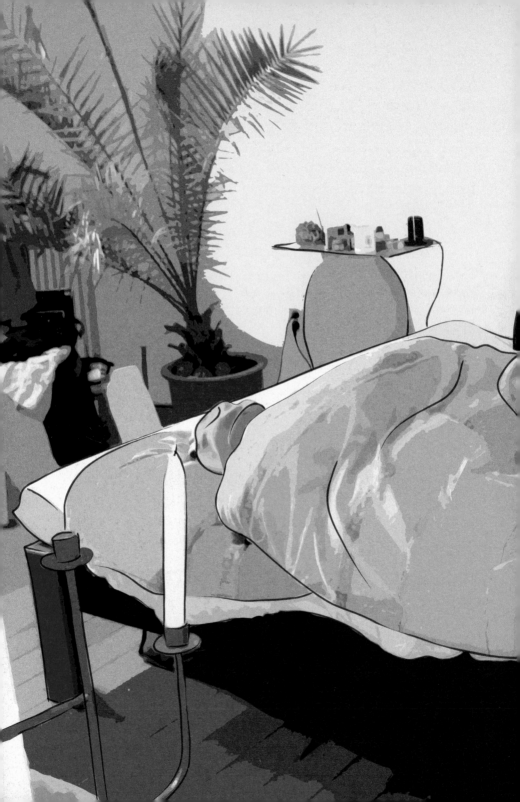

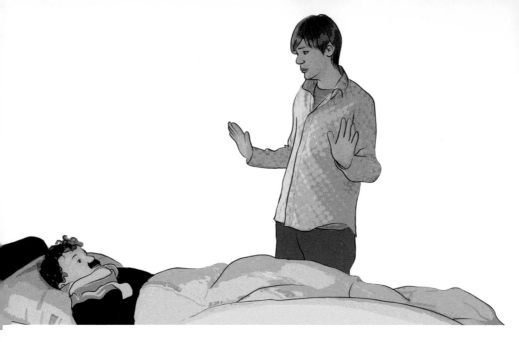

Benno hebt beide Hände:
„Vergiss es, Leo! Bei mir brennt das Nudelwasser an. Ich kann
nicht kochen!"
„Man kann alles lernen im Leben, Benno. Bitte gib mir mal mein
Handy, ich rufe Veronika an. Du kannst ja schon mal den Salat
waschen."

„Meier und Meier! Was kann ich für Sie tun?"
„Hallo, Klaus, hier ist Leo." Leo spricht sehr leise.
„Oh! Du hörst dich aber nicht gut an, mein Lieber! Zu viel gemalt
heute Nacht?"
„Quatsch! Ich bin krank. Kann ich Veronika sprechen, bitte?"
„Die ist leider nicht da. Kann ich ...?"
„Ich glaube nicht. Ich melde mich wieder. Ich hab's eilig!"
„Ich dachte, du bist krank? Hallo, Leo?"
Aber Leo hat bereits aufgelegt. Er wählt eine andere Telefon-
nummer.

4
❯Ü2
❯Ü3

2

„Oma Trude! Was machen Sie denn hier?"

„Ich bin die neue Küchenchefin! Eben engagiert."

„Aha." Benno guckt amüsiert.

Trude Sommer geht in die Küche und sieht sich um.

„Wo ist die Tiefkühltruhe?"

„Da hinten."

Trude Sommer öffnet die Tiefkühltruhe, liest die Etiketten und nimmt zwei große Plastikbehälter heraus.

„Und wo sind Leos Einkäufe?"

„Das Fleisch ist im Kühlschrank, das Gemüse in der Vorratskammer und den Salat habe ich gerade gewaschen!"

„Gut, mein Junge. Dann kochen wir jetzt das Mittagessen. Auf geht's[2], wir haben nicht viel Zeit!"

„Und was soll ich machen?"

„Also, zuerst machen wir die Suppe. Hier ist tiefgefrorene Kürbissuppe. Die geben wir in einen großen Topf und lassen sie langsam auftauen. Und dazu servieren wir Baguette."

„Wir haben kein Baguette."

„Macht nichts, das kriegen wir schon. Dann gibt es Salat mit gebratenen Pilzen. Dazu passt auch Baguette. Und jetzt machen wir zusammen das Züricher Geschnetzelte!"[3]

„Aber ich kann doch gar nicht kochen, Oma Trude!"

„Mach einfach, was ich dir sage, Benno! Also: Zwiebeln schneiden, Pilze säubern und in feine Scheiben schneiden, dann ..."

„Moment, Moment!", lacht Benno und bindet sich eine Schürze um. **❯Ü4**

2 *Auf geht's*: ugs. für *Fangen wir an!*
3 *Zür(i)cher Geschnetzeltes*: Schweizer Spezialität, Kalbsfilet mit Pilzen in Sahnesoße

Die beiden arbeiten konzentriert. Auf dem Herd steht ein großer Topf: Benno rührt die Suppe um. In einer Pfanne brät Trude Sommer die Zwiebeln an. Dann gibt sie die goldbraunen Zwiebeln auf einen Teller. Jetzt brät sie das Fleisch. Dann gibt sie die Champignons in die Pfanne und gießt viel Sahne dazu. Sie legt einen Deckel auf die Pfanne.
„Kannst du eine Salatsoße machen?"
„Nein, aber ich kann Leo fragen."
Benno nimmt sein Handy.

❯Ü5

Kurz vor zwölf geht Trude Sommer in das Lokal und schreibt an die große Tafel:

HEUTE MITTAG

Kürbissuppe
mit Knoblauchbaguette

Züricher Geschnetzeltes

Gemischter Salat
mit gebratenen Pilzen

Dann liest sie die Tafel: „Hm, die Preise! Ich muss Leo fragen."

„Leo? Darf ich reinkommen?"

„Kommen Sie, Frau Sommer, kommen Sie!"

Trude Sommer bringt einen kleinen Teller mit Züricher Geschnetzeltem.

Leo richtet sich im Bett auf und wedelt mit der Hand den Duft unter seine Nase.

„Riecht köstlich! Aber leider habe ich überhaupt keinen Appetit. Und wenn ich mal keinen Appetit habe ..."

„Dann sind Sie wirklich krank", ergänzt Trude Sommer.

„Leo, ich muss noch die Preise auf die Tafel schreiben. Was kosten die Suppe, das Geschnetzelte, der Salat?"

„Ach so, die Preise! Hm, das Mittagessen kostet immer zwischen fünf und acht Euro. Fleischgerichte sind teurer, das vegetarische Essen ist billiger. Also: die Suppe 3 Euro 50, oder 3 Euro 80? Und das Geschnetzelte, sagen wir acht Euro?"

„Sagen wir sieben Euro! Es ist ja nicht Original, also nicht mit Rösti. Und den Salat machen wir für 4 Euro 50."

„Wie Sie meinen, Chefin", lacht Leo.

„Hat es euch geschmeckt?"

Benno räumt die leeren Teller ab.

„Sehr, sehr lecker! Also das Geschnetzelte, Spitze!" Veronika Meier lacht zufrieden.

„Leo kocht immer gut, auch wenn er krank ist", ergänzt ihr Vater.

Klaus Meier ist der beste Freund von Leo. Zusammen mit seiner Tochter Veronika hat er eine Kfz-Werkstatt, gleich nebenan. Er kommt jeden Tag in die Kneipe.

„Oma Trude hat heute gekocht! Leo liegt im Bett", erklärt Benno.

„Dann geh ich gleich mal zu ihm."

„Darf ich reinkommen?"

„Klar, komm rein. Aber komm mir nicht zu nahe, vielleicht bin ich ansteckend."

Leo winkt seinen Freund ans Bett.

„Wie geht es dir, Leo?"

„Schlecht! Ich habe Fieber und mir tun alle Knochen weh."

„Eine Grippe?"

„Wahrscheinlich. Aber ich nehme Tabletten und trinke Tee. "

„Soll ich einen Arzt rufen?"

„Nein, nein. Lass mal. Das wird schon wieder."[4]

„Wie du meinst."

---

4 *Das wird schon wieder*: ugs. für *das ist nicht so schlimm, bald ist alles wieder gut*; hier: *ich bin bald wieder gesund*

„Wie war das Mittagessen?"

„Super! Ich habe gehört, Oma Trude hat gekocht?"

„Ja, ich konnte nicht aufstehen und da ist sie ganz spontan einge-sprungen[5]. Hat dir das Geschnetzelte geschmeckt?"

„Ich habe es nur probiert. Sehr fein!"

„Wieso nur probiert? Das ist doch dein Lieblingsessen!"

„Hm, ja, ich esse im Moment keine fetten Soßen."

„Fette Soßen? Das war nur gute Butter und feine Sahne, mein Lieber. Oma Trude kocht nach alter Schule! Da gibt es nichts aus der Tüte!"

„Jaja, ich esse im Moment einfach anders, ich bin im Training."

„Ach, du meine Güte! Sag bloß, du trainierst für den Stadtma-rathon?"

„Hm, ja."

„Dann willst du also mal wieder dem Tod davonlaufen."

Der letzte Satz von Leo war sehr sarkastisch.

Klaus Meier antwortet nicht darauf.

5 *(für jmd.) einspringen*: jemanden vertreten (oft spontan und in der Not)

„Wo warst du denn so lange?", schimpft Veronika.
„Bei Leo. Ich mache mir Sorgen. Er sieht sehr schlecht aus."

Benno kommt an den Tisch.
„Was meinst du, Klaus? Sieht nicht gut aus, oder? Seit ich Leo
kenne, war er noch nie krank im Bett. Er hat immer seine Tabletten
geschluckt und ist zwei, drei Tage mit einem Schal herumgelaufen.
Aber jetzt …"
„Er muss unbedingt zum Arzt! Am besten gleich morgen früh!
Sag du ihm das auch noch mal."
„Du kennst doch den Sturkopf[6]. Aber ich werde es versuchen."

6 *der Sturkopf*: ein eigensinniger, uneinsichtiger Mensch

„Wie geht es im Lokal weiter? Können wir helfen?"

„Oma Trude kocht. Ich glaube, es macht ihr richtig Spaß! Im Moment stellt sie den Menüplan für morgen zusammen und ich fahre nachher zum Einkaufen. Aber ..."

„Aber?"

„Na ja. Ich kann nicht alles allein machen: Küchenhilfe, Service, Einkaufen, Spülen, ich bin jetzt schon fix und fertig! Morgen ist Anna wieder da. Aber heute Abend ..."

Veronika sieht ihren Vater an.

„Wenn du bei Iris bleibst, kann ich heute Abend helfen."

❯Ü6 „Aber erst nach sieben. Um sechs will ich laufen."

4

„Wie geht es dir heute Morgen?"
„Schrecklich! Noch so eine Nacht ..."
„Um 10 Uhr hast du einen Termin bei Dr. Richter."
„Was? Wie bitte? Du hast hinter meinem Rücken[7] einen Arztter-
min ausgemacht? Du bist wohl verrückt? Ich gehe nie zum Arzt!"
Benno stellt das Tablett mit dem heißen Kräutertee auf den Nacht-
tisch. Auf einem Teller liegt Zwieback.
„Leo, du bist krank! Dr. Richter ist gleich um die Ecke. Ich begleite
dich auch, wenn du willst!"
„Ich bin doch kein Opa! Wie spät ist es jetzt?"
„Halb zehn. Los, sei nicht so stur!"

Leo trinkt einen Schluck Tee, dann steht er auf. Er muss sich am
Nachttisch festhalten: Alles dreht sich.
Vorsichtig geht er ins Bad. Er sieht in den Spiegel und erschrickt:
„Oh Mann, wie ein Gespenst!"
Leo duscht, rasiert sich und zieht sich an.
Um halb elf ist er in der Arztpraxis. Er zeigt seine Versicherungs-
karte, bezahlt 10 Euro Praxisgebühr und geht in das Wartezimmer.

Es warten fünf Patienten: Ein junger Mann, seine Hand ist verbun-
den. Zwei ältere Damen und eine junge Frau mit einem kleinen
Jungen. Alle lesen in Zeitschriften. Der Junge sieht Leo an. Leo
lächelt.

---

7 *etwas hinter jemandes Rücken tun*: etwas heimlich tun, etwas tun, ohne dass die andere
Person es weiß

„Mama, wer ist der Mann? Ist das der Nikolaus?"
Leo lächelt nicht mehr. Er nimmt ein Magazin und blättert darin.
Leider hat er seine Lesebrille zu Hause vergessen. Er guckt nur
die Fotos an: Junge Frauen und Männer, alle sind fröhlich, stehen,
sitzen oder liegen vor tollen Häusern oder fahren in teuren Autos.
Manchmal sieht man eine Yacht und einsame Sandstrände. Leo
sieht sich die Titelseite an: *Stars* heißt die Zeitschrift. Er legt sie
wieder weg.
Die Sprechstundenhilfe ruft eine der beiden älteren Damen.
Der Junge kommt zu Leo.

„Wie heißt du?"

„Ich heiße Leo."

„Mein Schmusetier heißt auch Leo!"

„Aha! Was ist das für ein Tier?"

„Ein Löwe."

„Und wie heißt du?"

„Oliver! Was fehlt dir?"

Leo sieht Hilfe suchend zu Olivers Mutter. Sie bemerkt seinen Blick nicht, sie liest in einer Zeitschrift.

„Ich habe eine Grippe."

„Mein Löwe hat auch eine Grippe!"

„Und du, bist du auch krank?"

„Nein, ich bin ganz gesund, aber meine Mama hat ..."

„Oliver! Komm her, lass den Mann in Ruhe!", schimpft die Mutter.

Der Junge deutet auf seinen Bauch und geht wieder zu seinem Platz.

Leo nimmt sich eine andere Zeitschrift. Diesmal zeigen die Fotos nicht schöne Menschen, diesmal sind es schöne Autos. Auch sie stehen vor teuren Häusern oder Hotels.

Zwei neue Patienten sind gekommen: Ein Ehepaar.

Der Mann hat seine eigene Zeitung dabei. Er bietet seiner Frau einen Teil der Zeitung an, aber sie lehnt ab: „Es dauert ja nicht lange!"

Die Sprechstundenhilfe kommt und ruft: „Frau Doktor Schmitz, bitte!"

Die Frau steht auf und begrüßt die Sprechstundenhilfe. Auch der Mann steht auf.

„Herr Doktor Schmitz, wollen Sie hier kurz warten? Es dauert nicht lange."

Leo schwitzt. Es ist heiß im Wartezimmer. Oder ist es das Fieber?

Er legt die Zeitschrift weg und sieht auf die Uhr: Halb zwölf.

Um zehn vor zwölf verabschiedet sich das Ehepaar, und die Mutter mit dem Jungen wird aufgerufen.

Um zehn nach zwölf steht Leo auf und geht zur Anmeldung.

„Ich möchte meine zehn Euro wiederhaben!"

„Wie bitte? Was ..."

„Ich möchte jetzt gehen und deshalb möchte ich meine zehn Euro wiederhaben. "

„Das geht nicht. Sie müssen warten, bis der Herr Doktor ..."

„Der Herr Doktor kann mir den Buckel runterrutschen!"

Leo geht und ist stinksauer.   ❷Ü7

In der Küche ist Hochbetrieb: Benno macht Kartoffelpüree und Trude Sommer garniert die Portionen. Zum Mittagessen gibt es heute Lasagne, Sauerbraten[8] mit Kartoffelpüree und Gemüsepfanne. Trude Sommer ist seit neun Uhr morgens in der Küche.
Sie hören die schweren Schritte von Leo auf der Treppe.
„Leo ist zurück!", sagt Benno.
In dem Moment schlägt Leo die Wohnungstür mit lautem Krach ins Schloss.
„Ja, jetzt habe ich ihn auch gehört!", bemerkt Trude Sommer ironisch.
„Ich geh mal kurz nach oben." Benno ist etwas verunsichert.
„Ich mache das lieber, Benno. Bereite du die beiden Portionen Lasagne für Anna vor. Ich bin gleich wieder da."

●Ü8

„Hallo, ihr zwei! Wo ist denn Klaus?"
Anna steht am Tisch von Veronika und Iris. Sie will die Bestellung aufnehmen.
„Der Opa läuft. Er kommt später. Aber ich soll einen Salat für ihn bestellen!"
„Aha! Also einen Salat für Klaus. Welches Dressing?"
„Mama, was ist Dressing?" Iris sieht ihre Mutter fragend an.
„Dressing ist ein anderes Wort für Salatsoße. Man kann eine Salatsoße mit Essig und Öl machen, mit Senf und Sahne, mit Yoghurt oder nur mit Zitronensaft."
Dann wendet sie sich an ihre Freundin Anna.
„Also ich nehme den Sauerbraten, Iris bekommt eine kleine Portion Lasagne und dann noch den Salat für Papa. Am besten mit ‚ohne alles'. Er trainiert! Seit Wochen bereitet er sich auf den Stadtmarathon vor."

8 *der Sauerbraten*: deutsche Spezialität, Rindfleisch, das vor dem Braten einige Tage in Essig eingelegt wird

„Klasse! Ich finde das gut. Wann ist der Termin?"

„In zwei Wochen. Du kennst Papa ja: Alles muss genau geplant und bis ins Detail vorbereitet sein."

„Siehst du, deswegen ist Leo sein bester Freund", lacht Anna.

„Was meinst du damit?"

„Gegensätze ziehen sich an!"

„Der Sauerbraten ist köstlich! Oma Trude ist wirklich eine Spitzenköchin! Und wie schmeckt die Lasagne, mein Schatz?"

„Lecker!"

Klaus Meier isst seinen Salat. Neidisch guckt er auf die Teller von Iris und Veronika. Aber er ist im Training und achtet auf seine Ernährung. Er möchte noch ein paar Pfund abnehmen, obwohl er nicht dick ist.

Nach dem Essen besucht er seinen Freund Leo.

„Na, wie geht's heute?"

„Schlecht! Und nach dem Arztbesuch noch schlechter!"

„Ach Leo. Kann ich irgendwas für dich tun?"

„Ich brauche Tabletten. Kannst du mir welche aus der Apotheke holen? Kannst ja hinlaufen." Leo lacht und bekommt wieder einen

◉Ü9 Hustenanfall.

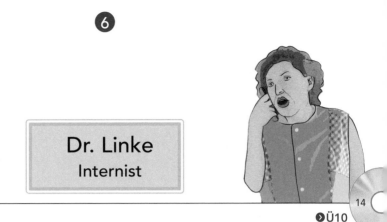

6

Dr. Linke
Internist

◆Ü10

14

„Und ich muss nicht warten?"

„Nein!"

„Ich komme sofort dran?"

„Ja. Ein paar Minuten werden Sie vielleicht warten müssen. Der Herr Doktor wird wegen Ihnen keinen Patienten rausschmeißen. Sie sind ja schließlich nicht der Kaiser von China. Obwohl Sie fast schon so aussehen." Trude Sommer lacht.

„Wieso? Wie meinen Sie das?"

„Na ja, Sie sind ein bisschen gelb um die Nase und die Herren waren ja auch immer recht dick!"

„Sie sind ganz schön frech für Ihr Alter, Frau Sommer!" Auch Leo muss ein bisschen lachen.

„Und wann ist der Termin?"

„Egal! Sie kommen einfach während der Sprechzeit. Die ist am Vormittag von 8 bis 12 und am Nachmittag von 14 bis 18 Uhr."

„Und wie heißt der Arzt?"

„Linke!"

„Der Name kommt mir irgendwie bekannt vor." Leo denkt nach.

„Ich glaube, er hat ein Bild von Ihnen im Sprechzimmer."

„Ein guter Arzt!"

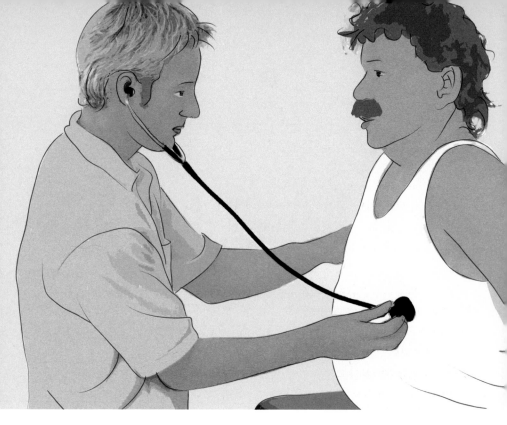

„Wie geht es Ihnen, Leo?"

„Nicht gut. Ich fühle mich so schlapp[9]."

„Haben Sie Schmerzen?"

„Ja, eigentlich überall."

„Wo tut es genau weh?"

„In den Armen und Beinen. Und ich habe Halsschmerzen."

„Seit wann haben Sie diese Schmerzen?"

„Hm, gestern Morgen waren sie plötzlich da. Ich bin im Bett geblieben."

„Haben Sie Fieber gemessen?"

„Ja. 39,5."

„Bitte setzen Sie sich hier auf die Bank. So, und jetzt tief einatmen ... und ausatmen ..."

Der Arzt untersucht Leo. Dann schreibt er ihm ein Rezept.

9 *schlapp*: ugs. für *ohne Energie*

„Und was fehlt mir, Herr Doktor?"

„Im Moment haben Sie eine Grippe. Die macht Sie müde und schlapp. Ich habe Ihnen hier ein paar Medikamente verschrieben. Die nehmen Sie und Sie müssen viel trinken! Aber es gibt da noch ein anderes Problem."

„Aha! Was Schlimmes?"

„Im Moment noch nicht. Aber es kann schnell schlimm werden. Ich glaube, Sie arbeiten zu viel und schlafen zu wenig, Sie essen zu viel und bewegen sich zu wenig. Sie müssen das schnell ändern, sonst ..."

„Was sonst? Ich fühle mich wohl! Außerdem habe ich ein Lokal, Herr Doktor, und dort bin ich der Koch. Ein Koch darf ruhig ein bisschen dick sein!" Leo regt sich schon wieder auf.

„Hypertoniker!"

„Was haben Sie gesagt?"

„Bluthochdruck haben Sie auch, Leo. Deshalb gehen Sie so schnell in die Luft."[10]

„Und was soll ich Ihrer Meinung nach tun?"

„Jetzt werden Sie erst einmal gesund und kurieren diese Grippe aus. Das dauert bestimmt noch eine Woche, zehn Tage. Aber dann müssen Sie sich ein Programm überlegen: Viel Bewegung!"

„Soll ich vielleicht laufen? Das macht doch die Gelenke kaputt!"

„Bei Ihrem Gewicht schon. Nein, fangen Sie langsam an. Nordic Walking zum Beispiel."

„Wie bitte? Ich soll wie diese Idioten mit Skistöcken durch die Gegend laufen? Niemals!"

„Dann gehen Sie zum Schwimmen oder fahren Sie Rad."

„Ich gehe jetzt erst mal ins Bett. Trotzdem danke, Herr Doktor!"

❍Ü11

---

10 *in die Luft gehen*: ugs. für *sich aufregen, sich sehr ärgern und laut werden*

7

Nach der Sprechstunde geht Leo langsam nach Hause. Jede körperliche Aktivität strengt ihn an. Er schwitzt. Mühsam geht er die Treppen hoch in die erste Etage. Wieder wird ihm schwindelig. Er legt sich sofort ins Bett.

Leo denkt nach: Wann hat er eigentlich das letzte Mal Sport getrieben? Das ist lange her, er kann sich nicht erinnern. Früher hat er Volleyball gespielt, sogar regelmäßig jede Woche. In einem Verein für Freizeitsportler. Damals war er ziemlich fit. Aber dann hat er sich verletzt und seitdem? Doch, er hat ein paar Jahre später manchmal mit Klaus Badminton gespielt.

Aber seit ein paar Jahren – eigentlich seit dem Tag, an dem er die Kneipe eröffnet hat – geht er morgens um 10 Uhr in die Küche und arbeitet bis 14 Uhr. Nachmittags kauft er ein, dann kommen am Abend wieder Gäste und nach Feierabend geht er ins Atelier. Manchmal schläft er nur vier oder fünf Stunden.

Der Arzt hat recht: Er bewegt sich viel zu wenig.

Und dann ist da die Sache mit dem Übergewicht! Er denkt an Obelix, die Figur in dem französischen Comic. Der reagiert auch immer ganz beleidigt, wenn man ihn „dick" nennt. Aber er hat seit ein paar Tagen nichts gegessen, vielleicht hat er ja schon ganz viel abgenommen?

„Ich muss nachher die Waage suchen. Wo kann die sein? Im Badezimmer? Oder habe ich die weggeworfen?"

Müde vom Arztbesuch und vom Nachdenken schläft Leo ein.

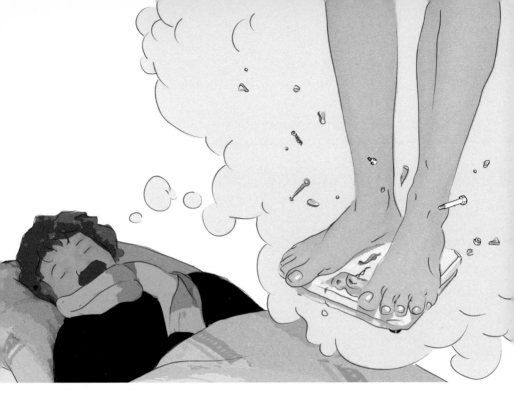

Zwei Tage später geht es Leo etwas besser. Er hat auch wieder Appetit!

Neben dem Nachttisch liegt das Handy:

„Guten Morgen, Benno! Was brutzelt ihr denn heute Feines?"

„Guten Morgen, Leo! Warte, ich frag mal Oma Trude. Die werkelt heute schon seit halb neun in der Küche."

Nach ein paar Minuten klingelt das Handy.

„Also, wir haben heute im Angebot: Rinderbraten in Burgundersoße, Fettucine[11] mit Speck und als vegetarisches Gericht Käsespätzle mit gebratenen Zwiebeln. Auf was hast du Appetit?"

TAGESGERICHTE	
Rinderbraten in Burgundersoße	8,70
Fettucine mit Speck und Tomaten	7,50
Käsespätzle mit gebratenen Zwiebeln	7,20

11 *Fettucine: italienisch* breite Nudeln

Leo denkt kurz an die leckeren Gerichte, dann streicht er über seinen Bauch und antwortet:
„Die Zwiebeln sind bestimmt in viel Butter gebraten und die Fettucine habt ihr schön mit Sahne ...“

„Ihnen geht es wohl schon viel besser, oder? Sie können jederzeit runterkommen und die Küche wieder übernehmen! Hatten wir nicht eine Vereinbarung? Ich bin die Küchenchefin, ohne Einmischung! Aber ich sehe, der Arztbesuch war erfolgreich. Bitte, ich räume den Herd, dann können Sie ab jetzt Diätküche praktizieren! Mahlzeit!“
Trude Sommer knallt den Hörer auf das Telefon.
⊙Ü12 „Du bist ja eine richtige Schauspielerin, Oma“, lacht Anna.

Leo ist nicht in die Küche gegangen und er hat sich kein Brot **❯Ü13** gemacht. Er hat Obst gegessen. Dann ist er in sein Büro gegangen und hat im Internet recherchiert.
Eine Seite hat er sich ausgedruckt:

So funktioniert Walking!

WO?
Prinzipiell kann man überall walken. Wer die Natur genießen und sich entspannen möchte, der sollte lieber im Wald oder Park walken. Besonders gelenkschonend ist Waldboden.

WIE OFT?
Der Schlüssel zum Erfolg liegt in der Regelmäßigkeit. Wer regelmäßig walkt, ist auf dem richtigen Weg, seine Fitness und Gesundheit zu verbessern. Das heißt:
mindestens 2 Mal pro Woche 30-45 Minuten; optimal sind 3-4 Mal pro Woche.

●Ü14

WAS IST ZU BEACHTEN?
Walking ähnelt der natürlichen Alltagsbewegung Gehen, man muss also keine neuen Techniken erlernen. Walking ist aufrechtes, nicht verkrampftes, bewusstes Gehen mit verstärktem Armeinsatz. Eine aufrechte Körperhaltung und ein aktiver Armeinsatz sind die wichtigsten Punkte für eine gute Walking-Technik.

An diesem Abend will Leo das erste Mal walken. Er mag diesen Begriff nicht, aber er hat gelernt, dass Gehen doch etwas anderes ist.

Er wartet, bis es dunkel ist. Dann geht er vorsichtig die Treppe hinunter und schleicht sich über den Hof aus dem Haus.

Dann fängt er an: Er geht aufrecht und bewegt seine Arme wie eine Marionette: linker Fuß vor, rechter Arm vor und umgekehrt.

Bis zum Park ist es nicht weit.

Leo bewegt sich ganz automatisch. Er denkt an nichts. Nur: linker Fuß vor, rechter Arm vor. Rechter Fuß vor, linker Arm vor. Linker Fuß ...

Er ist fast einmal um den Park gewalkt, da sieht er in der Ferne einen Läufer. Klaus? Leo versteckt sich hinter Büschen. Es ist tatsächlich Klaus. Im Licht der Parklaterne sieht Leo seinen Freund. Er sieht sehr angestrengt aus.

Da gefällt ihm das Walken viel besser. Jetzt findet er die Bewegungen fast lustig. Er geht eine zweite Runde. Nach der Hälfte stellt er fest, dass das keine gute Idee war. Er schwitzt und bekommt fast keine Luft mehr.

Er bleibt stehen, sucht eine Bank und setzt sich erschöpft hin. Ihm ist heiß! Er zieht seine Trainingsjacke aus und wischt sich das Gesicht ab.

„Hola, Leo! Was machst du um diese Zeit im Park? Hast du ein Rendezvous?"

Felipe! Leo hat ihn nicht gehört, obwohl der alte Motorroller großen Lärm macht.

Felipe steigt ab.

„Was ist los, Leo? Geht es dir nicht gut?"

„Doch, es geht schon. Ich bin im Moment nur außer Atem."

„Komm, ich bringe dich nach Hause. Setz dich auf den Roller."

„Nein, danke. Es geht schon."

Leo will aufstehen, aber da ist wieder das Schwindelgefühl.

Felipe stützt ihn und Leo setzt sich auf den Motorroller. Für Felipe ist fast kein Platz mehr.

„Halt dich fest, wir starten!"

„Warte, Felipe. Versprich mir, dass du keinem Menschen etwas
davon erzählst!"
„Kein Wort! Versprochen!"
„Danke."
„Soll ich dich morgen Abend wieder abholen? Um die gleiche
Zeit?"
„Witzbold!" ❯Ü15

Vorsichtig öffnet Trude Sommer die Schlafzimmertür.
Das Bett ist leer. Das Zimmer ist aufgeräumt.
„Ich bin im Atelier!", ruft Leo.
Trude Sommer geht bis zum Eingang und fragt:
„Darf ich reinkommen?"
„Aber bitte! Guten Morgen, Frau Sommer!"
Das Atelier ist auch aufgeräumt. Farben und Pinsel sind im Regal.
Leo sitzt im Morgenmantel vor einer Leinwand. Er betrachtet
ein Bild.
„Geht es Ihnen besser, Leo?"
Leo steht auf und begrüßt Trude Sommer.
„Ja! Kein Fieber mehr, keine Grippe und ich habe bestimmt
schon ganz viel abgenommen. Jedenfalls fühle ich mich schon
ganz leicht!"
Trude Sommer betrachtet Leo kritisch.

„Stimmt. Man kann es sehen – wenn man genau hinsieht", sagt
sie ironisch. „Aber nun Schluss mit den Komplimenten, ich habe
ein ernstes Anliegen, Leo."
●Ü16 „Nur Mut, Frau Sommer. Ich höre!"
„Wann kommen Sie wieder in die Küche? Wenn es Ihnen jetzt
besser geht, dann möchte ich bald wieder aufhören."
„Aber Frau Sommer!", unterbricht Leo.
„Verstehen Sie mich nicht falsch, Leo, die Arbeit macht mir großen
Spaß, ich mache das sehr gern, aber ..." Trude Sommer zögert.

„Aber?"

„Aber ich habe überhaupt keine Zeit mehr für mich und mein Leben. Verstehen Sie mich, Leo?"

„Hm!"

„Ich treffe meine Freunde nicht mehr, ich gehe nicht mehr ins Kino oder ins Theater. Es wird mir einfach zu viel."

Leo denkt nach.

„Ich verstehe Sie sehr gut, Frau Sommer! Darf ich Ihnen einen Vorschlag machen? Machen wir noch eine Woche zusammen, bis ich wieder völlig gesund bin? Sie bleiben natürlich die Chefin, planen die Tagesgerichte und ich übernehme die leichten Sachen? Und die Einkäufe mache ich mit Benno."

Trude Sommer guckt kritisch:

„Was meinen Sie mit den ‚leichten' Sachen?"

„Hm, ja, also Salate oder - Diätgerichte?"

„Einverstanden!", sagt Trude Sommer und geht.

Sie murmelt: „Vom Hypertoniker zum Hungerkünstler."

„Was meinen Sie, Frau Sommer?"

„Nichts, nichts, Leo. Bis Morgen!"

„Krankenbesuch!"

„Immer hereinspaziert!"

„Hallo, mein Freund! Du malst wieder? Dann bist du gesund!"

„Hallo, Klaus! Nein, ich sehe nur die letzten Arbeiten an. So eine Pause ist richtig gut! Man unterbricht die Routine und sieht viele Dinge plötzlich ganz neu! Und ich spüre ganz viel Energie."

„Dann ist das kein gutes Geschenk?" Klaus Meier hält Leo eine Flasche Rotwein hin.

„Doch! Das ist sogar ein sehr gutes Geschenk! Ich bin doch kein Abstinenzler[12]. Aber höchstens ein Gläschen am Abend. Das ist sogar sehr gesund! Soll ich die Flasche aufmachen?"
„Nein, nein! Ich trinke keinen Alkohol. Am Wochenende ist doch der Marathonlauf."
„Besonders glücklich macht dich das aber nicht, oder?"

22
●Ü17

---

12 *der Abstinenzler*: eine Person, die auf etwas verzichtet, hier: Alkohol

„Was findet ihr besser: ,Go, Klaus, go!' oder ,Lauf, Klaus!'?"

„Keine Frage! Es ist ja schließlich ein Marathonlauf! Bei meinem Walking-Wettbewerb könnt ihr dann ,Go, Leo, go!' auf das Transparent schreiben."

„Warum schreiben wir nicht: ,Lauf, Opa!' auf das Transparent?", fragt Iris.

Ü18 Alle lachen.

Im Atelier sind Veronika, Iris, Anna, Paco und Leo. Der Fanclub für den Stadtmarathon.

„Wir brauchen sowieso zwei Transparente. Also schreiben wir beides. Veronika und Iris, ihr steht bei Kilometer 5. Ihr habt das Transparent ,Lauf, Opa!' dabei. Ich stehe mit Oma Trude bei Kilometer 15. Wir haben das andere Transparent."

„Und wir?", fragt Anna.

„Ihr begleitet Klaus mit dem Fahrrad."

„Ich dachte, Felipe fährt mit dem Motorroller?"

„Nein, Motorräder und Autos sind nicht erlaubt. Ihr müsst das Fahrrad nehmen. Außerdem habt ihr den Proviant dabei!"

„Proviant?"

„Klar! Mineralwasser, Fruchtsaft, Energieriegel!"

„Was macht eigentlich unser Leistungssportler im Moment?"

„Er meditiert!"

Am nächsten Morgen stehen alle sehr früh auf.

Um neun Uhr beginnt der Marathon. Alle vom Fanclub Klaus haben ihre Handys dabei. An der ganzen Strecke stehen viele Menschen und feuern die Teilnehmer und Teilnehmerinnen an[13].

Leo nimmt sein Handy und wählt Annas Nummer:

„Wie sieht er aus?"

„Sehr gut! Er läuft seinen Rhythmus. Er kommt jetzt gleich zu Veronika und Iris."

„Prima, wir warten!"

Bei Kilometer 5 sieht Klaus Meier das weiße Transparent: *Lauf, Opa, lauf!* Iris und Veronika feuern ihn an.

Bei Kilometer 12 bekommt er Probleme. Er läuft langsamer. Anna bringt ihm Fruchtsaft und Müsliriegel.

Leos Handy klingelt:

„Ja?"

„Leo, er bekommt Probleme. Er ist jetzt gleich bei Kilometer 13. Feuert ihn richtig an, wenn er kommt, ja?"

„Klar!"

Leo denkt nach. Er weiß, die letzten Kilometer sind immer die schwersten.

---

13 *jmd. anfeuern*: jmd. Mut machen, motivieren, z.B. feuern die Fans im Fußballstadion mit Rufen, Liedern, Fahnen, etc. ihre Mannschaft an

„Frau Sommer, bleiben Sie bitte hier. Klaus kommt bald vorbei.
Ich gehe näher zum Ziel. Er darf nicht schlappmachen!"
„Gehen Sie nur, Leo. Ich warte hier! Lauf, lauf!"
Oma Trude feuert alle Läuferinnen und Läufer an.

◗Ü19

Leo eilt hinter den Zuschauern in Richtung Ziel. Zum Glück hat
er seine Sportschuhe angezogen. Er ist völlig außer Atem und
schwitzt. Er sieht das Schild: Kilometer 17.
Er wartet.
Nach ein paar Minuten kommt Klaus. Leo drängt sich durch die
Zuschauer und läuft zu Klaus:
„Du schaffst das, Klaus! Ich begleite dich!"
Es sind nur noch ein paar Meter!"

Leo läuft neben Klaus her. Der Schweiß läuft ihm über das Gesicht
und seine Beine sind schwer.
So laufen sie fast vier Kilometer.
„Du bist ja richtig fit!", keucht Klaus Meier.
„Spar dir die Luft zum Laufen! Da vorne ist das Ziel", schnauft
Leo zurück.
Und gemeinsam laufen sie über
die Ziellinie.

ENDE

KAPITEL 1

1a Was wissen Sie über Leos Lokal?

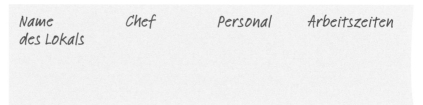

Name   Chef   Personal   Arbeitszeiten
des Lokals

1b Leo hat eine Grippe. Was fehlt ihm? Ergänzen Sie. Welche Krankheiten kennen Sie noch? Sammeln Sie.

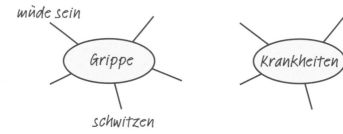

müde sein

Grippe

Krankheiten

schwitzen

2 Leo braucht Hilfe. Schreiben Sie einen kurzen Dialog und spielen Sie.

Frau Sommer: „Sommer!"
Leo: „Hallo, Frau Sommer! Hier ist Leo."
Frau Sommer: „Ach, Leo! Anna ist nicht zu Hause. Sie ist in der Uni."
Leo: „Ich möchte gar nicht mit Anna sprechen, Frau Sommer.
             Ich möchte mit Ihnen sprechen."

Frau Sommer: _____

3 Hören Sie und ergänzen Sie.

„Sommer!"

„Hallo, Frau Sommer! Hier ist Leo."

„Ach, Leo! Anna ist nicht zu Hause. Sie ist in der Uni."

„Ich möchte gar nicht mit Anna sprechen, Frau Sommer. Ich möchte

mit Ihnen sprechen."

„Brauchen Sie ein M_____?"

„Nein, Frau Sommer, ich brauche eine K_____!"

„Eine Köchin?"

„Hm ja, ich bin heute k_____ und gleich kommen die ersten

G_____."

„Haben Sie schon e_____?"

„Ja! Ich habe S_____ und P_____ gekauft, für das

vegetarische Gericht. Dann gibt es alles für ein ‚Züricher Geschnet-

zeltes' mit Rösti und dann wollte ich noch eine Lasagne machen."

„Für die Lasagne ist es viel zu spät! Und für Rösti auch."

„Dann gibt es Reis als Beilage und in der T_____

ist Kürbissuppe."

„Wie viele P_____ brauchen wir?"

„Na ja, meistens kommen 30 bis 40 Leute zum Essen."

„Hm. H_____ mir jemand?"

„Benno! Er ist schon in der Küche und wäscht den Salat."

„Und ich bin schon unterwegs!"

„Sie sind ein Engel, Frau Sommer!"

„Ja ja, aber hören Sie, Leo!"

„Ja?"

„Ich bin die K_____!"

KAPITEL 2

4   Was gibt es heute bei „Leo & Co." zu essen? Kreuzen Sie an.

1. Tomatensuppe, Wiener Schnitzel mit Salat, Lasagne ☐
2. Kürbissuppe, Züricher Geschnetzeltes, Salat mit Pilzen ☐
3. Pilzsuppe, Lasagne mit Reis, Salat mit Baguette ☐

5a Was braucht Benno für die Salatsoße? Hören Sie und notieren Sie.

2 Esslöffel ...

5b Ergänzen Sie.

„Du, Leo, ich soll die Sal _ _ _ _ _ _ machen. Wie geht das denn?"

„Ganz einfach. Bleib dran, ich sag's dir. "

„Ich bin bereit!"

„Hol aus dem Küh _ _ _ _ _ _ _ _ das Glas Him _ _ _ _ -_ _ _ _ _ _ _ _ _

und gib zwei Ess _ _ _ _ _ l voll in die Sal _ _ sch _ _ _ el."

„Himbeer-Marmelade?"

„Jaaa – jetzt gib circa drei Esslöffel weißen Balsamico-Ess _ _ und

einen Teelöffel S _ _ f dazu.

„Hab ich."

„Dann Pfe _ _ _ _ und Sa _ _ und jetzt alles schön verrühren."

„Okay. – Oh je, das sieht nicht nach Salatsoße aus. Ganz dick."

„Wir sind auch noch nicht fertig. Nimm das Oli _ _ _ _ _ und gib ein paar Esslöffel dazu. Jetzt noch mal verrühren. – Fertig?"

„Ja! Jetzt ist es auch eine Soße."

„Gut. Über jede Portion Salat gießt du einen Esslöffel und fertig."

„Danke, Leo."

KAPITEL 3

6 Schreiben Sie die Antworten.

6a Warum hat Klaus Meier sein Lieblingsgericht nicht gegessen?

_____

_____

6b Warum macht sich Klaus Sorgen um Leo?

_____

_____

KAPITEL 4

7 Richtig oder falsch? Kreuzen Sie an.

	R	F
1. Leo geht es nicht gut.	☐	☐
2. Benno hat für Leo einen Arzttermin vereinbart.	☐	☐
3. Leo ist froh, er geht gern zum Arzt.	☐	☐
4. Beim Arzt muss Leo 10 Euro Praxisgebühr bezahlen.	☐	☐
5. Außer Leo ist nur eine Mutter mit einem Jungen im Wartezimmer.	☐	☐
6. Der Junge heißt auch Leo und hat einen Löwen dabei.	☐	☐
7. Der Junge hat auch eine Grippe.	☐	☐
8. Leo muss lange warten.	☐	☐
9. Weil der Arzt keine Zeit hat, bekommt Leo die 10 Euro zurück.	☐	☐

KAPITEL 5

8a Warum ist Leo sauer? Hören Sie und notieren Sie.

Leo: sauer

8b Ergänzen Sie.

> Ich habe ein bisschen gelesen • Nein, danke •
> Die wird Ihnen gut tun • Lass mich in Ruhe • keine Diagnose •
> Oh, Entschuldigung • Mir fehlen zwei Stunden Lebenszeit •
> Rezept schreiben

„_____! Ich will niemanden sehen!

Du und dein blöder Doktor!"

„Hallo, ich bin es!"

„_____. Ich dachte, es ist Benno."

„Jetzt essen Sie erst mal diese Suppe, Leo, und dann erzählen Sie mir

vom Arztbesuch."

„Da gibt es nichts zu erzählen. _____

und dann bin ich wieder gegangen!"

„Und die Untersuchung? Die Diagnose?"

„Keine Untersuchung,_____, und vor allem:

kein Arztbesuch mehr! Was glaubt der denn? Den Patienten geht es

schlecht und dann müssen sie auch noch stundenlang im Wartezimmer

rumsitzen! _____, ohne mich!"

„Ich verstehe Ihren Ärger, Leo. Aber sicherlich war das nur Pech heute. Sie müssen doch wissen, was Ihnen fehlt!"

„Ich weiß, was mir fehlt. _____

_____. Das muss man sich mal vorstellen: Zwei bis drei Stunden in einem blöden Wartezimmer. Und dann? Zunge raus, Puls fühlen, _____. Da gehe ich doch lieber gleich in die Apotheke und kaufe mir ein Medikament."

„Jetzt beruhigen Sie sich erst mal und essen die Suppe. _____

_____. Und dann schlafen Sie ein paar Stunden. Und morgen gehen Sie noch einmal zum Arzt, aber diesmal zu meinem!"

8c Hören Sie noch einmal und vergleichen Sie.

9 Schreiben Sie die Sätze.

1. Salat I isst I nur noch I Klaus I , I er I trainiert I den Marathon I für I weil I . I

_____

2. Er I dick I nicht I ist I , I I möchte I ein bisschen I abnehmen I er I noch I aber I . I

_____

3. Bald I plant I alles I der Marathon I ist I und I Klaus I ganz genau I . I

_____

KAPITEL 6

10a Was erzählt Frau Sommer über Leo? Hören Sie und notieren Sie.

10b Ergänzen Sie die Verben in der richtigen Form.

„Praxis Doktor Linke, guten Morgen!"

„Hallo, Monika, hier _____ (sein) Trude Sommer!"

„Guten Morgen, Frau Sommer. Brauchen Sie einen Termin?"

„Nein, Monika. Ein Freund von mir _____ (brauchen) einen

Termin. Aber ich _____ (müssen) gleich sagen, er _____

(sein) ein schwieriger Patient! Sie dürfen ihn vor allem nicht warten

lassen. Er _____ (werden) leicht hysterisch!"

„Hm, Frau Sommer, da _____ (verbinden) ich Sie

am besten gleich mit Doktor Linke, ja?"

„Danke, Monika."

„Frau Sommer! Wie _____ (gehen) es Ihnen? Sie _____

_____ (kommen) vorbei?"

„Nein, Herr Linke. Ein Freund von mir kommt vorbei, Leo."

„Leo, Leo – Leo der Maler?"

„Genau der!"

„Was _____ (fehlen) ihm denn?"

„Ich _____ (glauben), er _____ (haben) einfach eine Grippe. Aber Sie wissen ja, wie Männer so sind. Jedenfalls
_____ (liegen) er seit zwei Tagen im Bett, _____
(husten) und _____ (schwitzen). Kann er heute noch
kommen?"

„Heute? Das müssen Sie mit Monika _____ (besprechen),
sie _____ (machen) die Termine."

„Herr Linke, bitte behandeln Sie ihn vorsichtig. Der Herr _____
_____ (bekommen) leicht Wutanfälle."

„Hypertoniker!"

„Wie bitte?"

„Man nennt solche Menschen Hypertoniker. Hypertonie
_____ (heißen) Bluthochdruck. Schicken Sie ihn mir mal vorbei,
ich _____ (sehen) ihn mir an. Und Sie, wann _____
(sehen) ich Sie wieder mal bei mir in der Praxis?"

10c **Hören Sie noch einmal und vergleichen Sie.**

11 Was sagt der Arzt? Sammeln Sie und fassen Sie zusammen.

Grippe haben, Medikamente nehmen, viel trinken / zu viel ..., zu wenig ...
/ dick / Bewegung / ...

> Leo hat eine Grippe. Deshalb muss er Medikamente nehmen
> und viel trinken.

55

KAPITEL 7

12 Was ist richtig? Markieren Sie.

Leo geht nach dem Arztbesuch *ins Bett / ins Atelier / in die Küche.*
Früher hat Leo *regelmäßig/nie/manchmal* Sport getrieben.
Er hat *Fußball/Tennis/Volleyball* gespielt.
Leo schläft pro Nacht oft *8 / 6 / 4-5* Stunden.
Leo hat schon *ganz viel / ein bisschen / gar nicht* abgenommen.
Frau Sommer / Benno / Leo kocht ab jetzt Diätgerichte.

KAPITEL 8

13a Welche Ratschläge bekommt Leo von Klaus? Hören Sie und notieren Sie.

Leo soll ...

13b Hören Sie, lesen Sie und vergleichen Sie mit Ihren Notizen.

„Hallo, Klaus! ... Du kennst dich doch aus mit Bewegung und Fitness."
„Ach! Das interessiert dich plötzlich? Früher hast du nur Witze darüber gemacht!"
„Ja, du hast ja recht. Aber ich brauche wirklich ein Bewegungsprogramm. Kann ich denn nicht bei dir mitmachen? Du trainierst doch auch?"
„Oh, Leo! Nein, das geht wirklich nicht. Ich bereite mich ja konkret auf einen Halbmarathon vor."
„Halbmarathon?"
„Ja. Die ganze Marathonstrecke ist mir zu viel. Aber die Hälfte sind ja immerhin auch 20 Kilometer. Die schaff ich. Dafür trainiere ich aber fast jeden Tag. Du brauchst ein Anfängerprogramm."
„Anfängerprogramm, pfff! Laufen kann doch jeder!"
„Nein, eben nicht! Und du sollst vor allem gar nicht laufen. Dafür bist

du – entschuldige, mein Freund – im Moment zu schwer. Das ist nicht gut für deine Gelenke und du musst langsam Kondition aufbauen. Du kennst doch die Regel Nummer 1: Nicht übertreiben und nur so lange Sport treiben, wie es Spaß macht! Fang doch einfach mit Walking an!"
„Kommst du mir auch mit dieser blöden Idee? Mit Skistöcken im Sommer, Unsinn!"
„Dann lass die Stöcke einfach weg. Walking heißt einfach: Bewusst gehen mit kräftiger Armbewegung."
„Ich gehe doch nicht wie ein Hanswurst!"
„Dann geh früh am Morgen oder spät am Abend, da sieht dich niemand. Alle Tipps findest du auch im Internet. Sieh doch mal unter dem Stichwort ‚Walking' nach."
„Danke, Klaus. Ich glaube, ich gehe jetzt erst mal bewusst in die Küche und mache mir ein Brot, mit kräftiger Armbewegung."

14 Walking: Was ist richtig? Kreuzen Sie an.

1. Man kann überall walken. ☐
2. Walking auf Waldboden ist am besten für die Gelenke. ☐
3. Wichtig ist, dass man regelmäßig walkt, aber nicht mehr als zweimal pro Woche. ☐
4. Man muss eine neue Technik lernen, aber das ist nicht schwer. ☐
5. Aufrecht gehen und kräftige Armbewegungen sind am wichtigsten für eine gute Lauftechnik. ☐

15 Was ist passiert? Nummerieren Sie die richtige Reihenfolge.

_4_ Felipe kommt zufällig vorbei und findet Leo.

_1_ Bei Dunkelheit geht Leo zum ersten Mal heimlich walken.

_3_ Er geht eine zweite Runde, aber er strengt sich zu sehr an und muss sich auf einer Bank erholen.

_5_ Er fährt Leo auf seinem Roller nach Hause.

_6_ Leo macht das lustige Gehen Spaß.

_2_ Nach der ersten Runde sieht er seinen Freund Klaus beim Lauftraining und versteckt sich.

KAPITEL 9

16 Frau Sommer möchte etwas Wichtiges mit Leo besprechen.
Was? Sammeln Sie Ideen.

*Ich glaube, sie ... / Wahrscheinlich ... / Vielleicht ... / Frau Sommer möchte
... / Leo ...*

17a Hören Sie: Wie ist die Stimmung von Klaus? Markieren Sie:

neutral	☐	übermütig	☐
fröhlich	☐	motiviert	☐
traurig	☐	enttäuscht	☐
deprimiert	☐	ängstlich	☐
skeptisch	☐	optimistisch	☐

17b Hören Sie noch einmal und ergänzen Sie.

„Leo, ich glaube, ich schaff das nicht! Seit z_____ W_____

trainiere ich. Drei-, v_____ in der W_____ laufe ich

eine S_____ durch den Park und am Wochenende sogar zwei."

„Tja, mein Trainer sagt immer: N_____ ü_____ und

nur so lange Sport treiben, wie es S_____ macht!"

„Ha, ha! Sehr witzig!"

„'Ich schaff das nicht' gibt es nicht! Ich walke zwar erst seit einer Wo-

che, aber jeden Tag, bei S_____ und R_____.

Und ich muss dir sagen, ich fühle mich wie neu g_____!

Außerdem darfst du deine Fans nicht e_____!"

„Wie bitte, meine Fans? Wen meinst du damit?"

„Großes G_____! Aber das wirst du ja am Wochen-

ende sehen. Wenn du nicht mehr motiviert bist, dann lauf für uns!"

„Oh ja! Und dann mach ich schlapp und bin die Lachnummer!"

„Nein, Klaus! Erstens machst du nicht schlapp und zweitens tragen wir dich auch durchs Ziel."

„Gut. Ich p———————— es. Dabei sein ist alles. "

KAPITEL 10

18 Was schreiben Sie auf das Transparent?

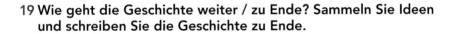

19 Wie geht die Geschichte weiter / zu Ende? Sammeln Sie Ideen und schreiben Sie die Geschichte zu Ende.

Leo ...

A HAUSMANNSKOST

Unter Hausmannskost versteht man ganz allgemein deftige, nahrhafte und traditionell zubereitete Gerichte. Die typische Hausmannskost ist  einfach, üppig und wird aus eher preiswerten Zutaten zubereitet. Oft sind es Fleischgerichte wie unterschiedliche Braten mit hohem Fettgehalt und dicken Soßen und mit Beilagen wie Kartoffeln, Klößen, Nudeln, Kraut oder Kohl. Der bayerische Schweinebraten mit Knödeln (Klößen) zum Beispiel ist klassische Hausmannskost. Der Name kommt daher, dass früher der Hausherr oder allgemein die Männer am Tisch nicht nur größere Portionen bekommen haben, ihr Essen war auch reichhaltiger. D.h. auf ihrem Teller war zum Beispiel eine größere Portion Fleisch als auf den Tellern der anderen Familienmitglieder.

1 Was ist typisch für Hausmannskost? Notieren Sie.

2 Gibt es bei Ihnen auch so etwas wie „Hausmannkost"? Kennen Sie typische Gerichte?

Bei uns ...

3 Hausmannskost aus deutschsprachigen Ländern

Kassler Rippchen

Wiener Schnitzel

Münchner Weißwurst

Nürnberger Rostbratwurst

3a Welche anderen Gerichte aus deutschsprachigen Ländern kennen Sie? Notieren Sie.

3b Gibt es bei Ihnen Gerichte mit dem Namen einer Stadt oder Region? Schreiben Sie.

Bei uns ...

B REZEPTE

4 Züricher Geschnetzeltes mit Rösti

Züricher Geschnetzeltes mit Rösti
Zutaten (für ca. 3 Portionen)

400 g Schweineschnitzel oder Kalbsschnitzel (auch Schweinefilet oder Kalbsfilet)
1 Zwiebel
250 g Champignons
20 g Butter
Pfeffer, Salz
1/8 Liter Weißwein
125 g Sahne
20 g Mehl

- Das Fleisch in feine Streifen schneiden.
- Die Zwiebel fein hacken und die Champignons putzen und halbieren.
- In einer Pfanne die Butter erhitzen. Fleisch, Zwiebeln und Champignons in die heiße Butter geben und ca. 5 Minuten braten. Mit Salz und Pfeffer würzen. Den Weißwein dazu gießen und auf mittlerer Temperatur ca. 10 Min. garen.
- Sahne mit Mehl verrühren, zum Fleisch geben und gut unterrühren. Die Soße einmal aufkochen lassen.

Rösti

1 kg gekochte Kartoffeln (Pellkartoffeln)
2 Esslöffel Butterschmalz
1 Esslöffel Butter
Salz

- ■ Die Kartoffeln schälen und grob reiben.
- ■ Das Butterschmalz in einer Pfanne erhitzen. Die geriebenen Kartoffeln in die Pfanne geben, mit Salz würzen und mit einem Löffel fest in die Pfanne drücken. Kurz von beiden Seiten anbraten.
- ■ Die Kartoffeln mit einem Deckel zudecken und bei kleiner Hitze ca. 15 Minuten braten, bis sie goldgelb sind (Kartoffelmasse nicht mehr wenden). Die Butter in kleinen Stückchen am Pfannenrand verteilen und die Kartoffeln noch ca. 5 Minuten weiterbraten.
- ■ Dann die Rösti auf einen Teller oder eine Platte stürzen und servieren.

5 Was ist Ihr Lieblingsgericht? Schreiben Sie das Rezept auf.

Übersicht über die in dieser Reihe erscheinenden Bände:

Stufe 1 ab 50 Lernstunden

Gebrochene Herzen	64 Seiten	Bestell-Nr. **49745**
Die Neue	64 Seiten	Bestell-Nr. **49746**
Schwere Kost	64 Seiten	Bestell-Nr. **49747**
Der 80. Geburtstag	64 Seiten	Bestell-Nr. **49748**
Miss Hamburg	64 Seiten	Bestell-Nr. **46501**
Das schnelle Glück	64 Seiten	Bestell-Nr. **46502**
Die Prinzessin	64 Seiten	Bestell-Nr. **46506**
Ein Hundeleben	64 Seiten	Bestell-Nr. **46507**

Stufe 2 ab 100 Lernstunden

Schöne Ferien	64 Seiten	Bestell-Nr. **49749**
Der Jaguar	64 Seiten	Bestell-Nr. **49750**
Große Gefühle	64 Seiten	Bestell-Nr. **49752**
Unter Verdacht	64 Seiten	Bestell-Nr. **49753**
Liebe im Mai	64 Seiten	Bestell-Nr. **46503**
Der Einbruch	64 Seiten	Bestell-Nr. **46504**
Oktoberfest – und zurück	64 Seiten	Bestell-Nr. **46508**
In Gefahr	64 Seiten	Bestell-Nr. **46509**

Stufe 3 ab 150 Lernstunden

Stille Nacht	64 Seiten	Bestell-Nr. **49754**
Leichte Beute	64 Seiten	Bestell-Nr. **49755**
Hinter den Kulissen	64 Seiten	Bestell-Nr. **46505**
Speed Dating	64 Seiten	Bestell-Nr. **46510**